FACULTÉ DE DROIT DE TOULOUSE.

Acte Public

POUR LA LICENCE.

MARIE ESCUDIER,

IMPRIMEUR-LIBRAIRE, RUE SAINT-ROME, 26.

1835.

Aux mânes de mes Père et Mère,

Eternels regrets!

A MES FRÈRES ET SOEURS,

Amitié et dévouement sans bornes.

Faculté de Droit de Toulouse.

ACTE PUBLIC

POUR LA LICENCE,

En exécution de l'art. 4, tit. 2, de la loi du 22 ventôse, an 12.

SOUTENU PAR

M. Garreta (Étienne-Jean-Paul),

Né à la Cour de Carol (Pyrénées Orientales.)

Honestè vivere, neminem lædere,
suum cuique tribuere

JUS ROMANUM.

INSTIT. LIB. 2, TIT. 1.

Res definitur : illud omne quod ejus naturæ est ut in bonis nostris esse possit.

Plurimæ sunt rerum divisiones. Præcipua autem in eas versatur

quæ in nostro patrimonio sunt et in eas quæ sunt extra patrimonium nostrum.

In nostro patrimonio sunt res quæ dicuntur humani juris ; scilicet :
1° res communes, ut aer, aqua profluens, mare et propter mare lit-
tora maris ; 2° res publicæ, ut flumina et portus, et ideo jus pis-
candi et navigandi omnibus conceditur ; 3° res universitatis, veluti
quæ ad civitatem pertinent, ut stadia vel theatra ; 4° res singulorum
quæ cuique acquiri possunt ; 5° res nullius quæ aut pro derelictis
à domino habentur aut nondùm in alicujus privati dominium per-
venerunt.

Altera est rerum nullius acceptio ; nullius enim illæ res sunt
quæ, primùm privatæ, ab hominum commercio posteà fuerunt
exemptæ ; veluti res sacræ, religiosæ et sanctæ ; et specialiter res
nullius dicuntur, quià privatam proprietatem suscipere nequeunt.
Istæ sunt extra patrimonium nostrum et divini juris nomen habent.

Summâ rerum divisione sic expositâ, videamus quid sit dominium
et quibus modis acquiratur

Et 1° dominium est jus de re suâ utendi et abutendi quatenùs
juris ratio patitur.

Multiplices dominii divisiones enumerare non ad nos attinet ;
itaque transibimus illicò ad modos rerum dominium acquirendi.

Dominia rerum, alia jure naturali nanciscimur, alia jure civili.

Quatuor sunt modi acquirendi jure naturali, sive gentium, scilicet : occupatio, accessio, fructuum perceptio et traditio.

Cùm de occupatione nobis tantummodò sit disserendum, alios acquirendi modos prætermittamus.

De occupatione.

Occupatio quæ primum inter modos acquirendi locum rectè ob-
tinet, definitur : apprehensio rerum nullius cum animo sibi habendi
facta.

Triplex est occupationis species; venatio, occupatio bellica et inventio; 1° venatione quæ subdividur in aucupium, piscationem et venationem propriè dictam, comparamus feras bestias et volucres et pisces, id est, ut ait Justinianus, omnia animalia quæ mari, cœlo et terrâ nascuntur.

Ut faciliùs hanc materiam exponamus, tria sunt bestiarum genera distinguenda : Aliæ enim sunt feræ, aliæ mansuefactœ, aliæ mansuetæ.

Bestiæ feræ sunt illæ quæ liberè vagantur et de iis duæ regulæ: aut adhuc nullius sunt et tunc primo cedunt occupanti; aut captæ posteà in naturalem se libertatem receperunt, et tunc rursùs occupantis fiunt.

Bestiæ mansuefactæ illæ sunt quæ consuetudinem habent eundi et redeundi, evolandi et revolandi, et nostræ hæc usque intelliguntur, quamdiù revertendi animum servant.

Bestiæ mansuetæ seu domesticæ nostræ semper remanent, quamvis conspectum nostrum effugerint et quocumque loco sint, ut ait Justinianus.

Secundum occupationis genus est occupatio bellica; illa enim quæ ex hostibus capimus statim nostra fiunt ex jure gentium.

Alia occupationis species est inventio quæ ad res inanimatas spectat. Per eam enim jure naturali acquirimus lapillos et gemmas et cetera quæ in littore maris inveniuntur.

Inventione quoque obtinemus quæ nullius posteà facta sunt, scilicet thesaurum et res pro derelictis habitas. Notandum est pro derelictis tantùm illas haberi quas eâ mente abjecit dominus ut eas in numero rerum suarum ampliùs esse nolit.

Quoad thesaurum attendendum est an in loco proprio inveniatur, an in loco alieno, privato vel religioso. Si in loco proprio, inventori naturali æquitate conceditur; si in loco alieno, non datâ ad hoc operâ, sed fortuitò, dimidia pars ad inventorem pertinet, altera verò ad fundi dominum. Quod etiam sic evenit, cùm in loco fiscali, vel publico, vel civitatis thesaurus inveniatur.

CODE CIVIL.

LIV. III, TIT XVIII. — *Des Priviléges et Hypothèques.*

CHAP. Ier. — *Dispositions générales.*

Toute obligation personnelle emporte nécessairement l'obligation de tous les biens meubles et immeubles présens et à venir de celui qui l'a contractée. Tel est le principe posé par l'art 2092 C. civ.

Il résulte de là que les biens du débiteur sont le gage commun de ses créanciers qui ont le droit de les faire vendre et de se payer sur le prix, s'il est suffisant; sinon, de se le partager par contribution, à moins qu'il n'y ait entre eux des causes légitimes de préférence.

Le présent titre a pour objet de faire connaître ces causes et les droits qui peuvent en résulter en faveur des créanciers dans les rapports qu'ils ont entre eux.

Les causes légitimes de préférence, sont les priviléges et les hypothèques.

CHAP. II. — *Des Priviléges.*

Le privilége est le droit que la qualité de la créance donne au créancier d'être préféré aux autres créanciers, même hypothécaires (art. 2095.)

C'est donc la qualité de la créance qui est l'unique fondement du privilége. De là cette conséquence qu'il s'établit par la seule force de la convention, sans le consentement des parties et que même leur volonté ne peut suffire pour l'établir.

Parmi les créances privilégiées, les unes sont plus ou moins favorables que les autres; leur préférence se règle par leurs différentes qualités. Lorsqu'elles sont de même nature, les créanciers sont payés par concurrence (art. 2096 et 2097.)

Les priviléges du trésor royal sont réglés par des lois particulières; il faut remarquer à ce sujet qu'ils ne peuvent point préjudicier aux droits acquis antérieurement à des tiers (art. 2098.)

Les priviléges peuvent frapper ou seulement sur les meubles et leur généralité, ou sur certains meubles, ou seulement sur les immeubles, ou sur les meubles et les immeubles simultanément.

SECT. 1re. *Des Priviléges sur les meubles.* — Suivant l'art. 2100 les priviléges sont ou généraux ou particuliers sur certains meubles.

§ 1er. *Des Priviléges généraux sur les meubles.* — L'art 2101 énumère les priviléges qui atteignent l'universalité des meubles, et détermine l'ordre dans lequel ils doivent être exercés. Les frais de justice sont en première ligne; viennent ensuite les frais funéraires, les frais de dernière maladie concurremment entre ceux à qui ils sont dus; les salaires des gens de service pour l'année échue, et ce qui est dû sur l'année courante; enfin les fournitures de subsistances faites au débiteur et à sa famille, suivant les distinctions établies.

§ II. *Des Priviléges sur certains meubles.* — Ces priviléges sont, d'après l'art. 2101 : 1° celui du bailleur à ferme ou à loyer sur les fruits de l'année et sur le prix de tout ce qui garnit la maison louée ou la ferme, et tout ce qui sert à l'exploitation. Dans quelle étendue doivent être exercés ces derniers? *Quid* à l'égard des fruits des années précédentes? 2° celui du créancier sur le gage dont il est saisi; 3° celui des frais faits pour la conservation de la chose; 4° celui du vendeur d'effets mobiliers non payés; 5° celui de l'aubergiste pour ses fournitures sur les effets du voyageur transportés dans son auberge; 6° celui du voiturier, sur la chose voiturée pour les frais de voiture et de transport; 7° enfin, celui des créances résultant d'abus et prévarications commis par les fonctionnaires publics dans l'exercice de leurs fonctions.

SECT. 2. *Des Priviléges sur les immeubles.* — Les créanciers privilégiés sur les immeubles sont au nombre de cinq : le vendeur, sur l'immeuble vendu pour le paiement du prix; le bailleur des fonds qui ont servi à l'acquisition de l'immeuble; les cohéritiers, sur les immeubles de la succession, pour la garantie de leurs droits respectifs résultant du partage; les architectes, entrepreneurs, etc., pour le montant des constructions et réparations des immeubles, sur la plus value existante au moment de l'aliénation; enfin, ceux qui ont prêté les deniers pour payer ou rembourser les ouvriers pourvu que les conditions prescrites aient été remplies.

Sect. 3. *Des Priviléges qui s'étendent sur les meubles et les immeubles.* —Les priviléges énoncés dans l'art. 2101 frappent simultanément sur les meubles et les immeubles; mais il paraît résulter de l'art. 2105 qu'ils ne s'étendent sur les immeubles que lorsque le prix des meubles est insuffisant.

Sect. 4. *Comment se conservent les Priviléges.* — Les priviléges sur les meubles existent, avons-nous dit, par la seule qualité de la créance et sans qu'il soit besoin de remplir à leur égard aucune formalité. Il n'en est pas de même de ceux qui grèvent les immeubles; ces derniers n'ont d'effet entre les créanciers qu'autant qu'ils ont été inscrits sur les registres à ce destinés. Cette inscription, qui rend publics les priviléges, était commandée par le système actuel dont le principal fondement est la publicité des droits des créanciers.

Le privilége du vendeur se conserve par la transcription du titre translatif de propriété. Mais la loi ne trouvant pas des garanties suffisantes pour les tiers qui voudraient traiter avec l'acquéreur, a obligé le conservateur, sous sa responsabilité, à faire l'inscription d'office.

Le cohéritier ou copartageant, s'il veut conserver son privilége pour les droits résultant du partage, est tenu de prendre inscription dans les soixante jours de l'acte de partage; et les architectes, entrepreneurs, etc., ne le conservent que par la double inscription du procès-verbal qui constate l'état des lieux et du procès-verbal de réception des travaux.

Quant aux créanciers et légataires qui demandent la séparation du patrimoine du défunt, ils ont six mois à dater de l'ouverture de la succession pour prendre inscription.

L'omission des formalités prescrites pour la conservation des créances privilégiées les fait dégénérer en simples hypothèques, qui ne prennent rang vis-à-vis des tiers que du jour de leur inscription.

CHAP. III. — *Des hypothèques.*

L'hypothèque est l'affectation particulière d'un ou plusieurs immeubles appartenant au débiteur, laquelle établit un droit accessoire à celui qui résulte d'une obligation principale. Il ne peut donc y avoir d'hypothèque qu'autant qu'il y a une obligation principale à laquelle elle se rattache. Elle est de sa nature indivisible : *est tota in toto et tota in quâlibet parte.* C'est un droit dans la chose, *jus in re*, tellement inhérent à l'objet auquel il s'applique, qu'il le suit en quelques mains qu'il passe.

Les seuls biens susceptibles d'hypothèque sont : 1º les biens immobiliers qui sont dans le commerce et leurs accessoires réputés immeubles ; 2º l'usufruit des mêmes biens et accessoires pendant sa durée.

Il y a trois espèces d'hypothèques ; l'hypothèque légale, l'hypothèque judiciaire et l'hypothèque conventionnelle.

SECT. 1re. *Des Hypothèques légales.* — Toutes les hypothèques sont légales en ce sens que c'est la loi qui règle les conditions de leur existence ; mais on donne particulièrement cette dénomination à celle que la loi attache directement et de sa propre autorité à certaines créances sans aucune stipulation ni condamnation judiciaire. Elle a son fondement dans la protection spéciale que méritent les créanciers auxquels elle est accordée.

Le principal caractère de cette hypothèque est qu'elle frappe indistinctement sur tous les biens présens et à venir du débiteur.

SECT. 2. *Des Hypothèqnes judiciaires.* —L'hypothèque judiciaire dont le but est d'assurer l'exécution des jugemens, résulte de toute sorte de jugemens émanés des tribunaux français ; ainsi que des reconnais-

2

sances ou vérifications faites en jugement des signatures apposées
un acte obligatoire sous seing-privé. *Quid*, de celles qui auraient
lieu devant un juge de paix?

Comme l'hypothèque légale, l'hypothèque judiciaire peut s'exercer
sur les immeubles actuels du débiteur et sur ceux qu'il pourra acqué-
rir dans la suite. Mais il y a entre elles cette différence, que l'hypothèque judiciaire ne peut atteindre que les biens qui appartenaient
au débiteur au moment du jugement et qui lui appartiennent encore
au moment de l'inscription; au lieu que l'hypothèque légale des
femmes et des mineurs grève tous les biens qui appartenaient au
débiteur à l'époque du mariage ou de l'acceptation de la tutelle.

SECT. 3. *Des Hypothèques conventionnelles.* — L'hypothèque conventionnelle est celle qui résulte de la convention des parties. L'hypothèque étant une espèce d'aliénation, il faut pour l'établir être propriétaire et avoir la libre disposition de ses biens. Il suit de là que
ceux qui n'ont sur un immeuble qu'un droit conditionnel, résolu-
ble ou sujet à rescision, ne peuvent consentir d'hypothèque que sous
les mêmes conditions. *Nemo plus juris in alium transferre potest quàm
ipse habet.*

Il suit encore du même principe que les biens des mineurs, des
interdits et des absens ne peuvent pas non plus être hypothéqués,
si ce n'est dans certains cas exceptés par la loi , ou en vertu de
jugemens.

Pour donner aux hypothèques une plus grande publicité, le Code
exige que l'acte qui la constitue soit passé, en forme authentique,
devant notaires. Les actes sous seing-privé ne peuvent donc pas em-
porter hypothèque. Mais *quid*, si l'acte sous seing-privé était déposé
chez un notaire?

Une condition indispensable pour la validité de l'hypothèque conventionnelle est la spécialité qui est une des bases du système actuel.
Aussi voyons-nous dans la disposition finale de l'art. 2129 , que les
biens à venir ne peuvent point être hypothéqués. Comment en effet

spécialiser des biens que l'on n'a pas encore? L'article suivant fait néanmoins une exception à cette règle dans le cas où les biens présens sont insuffisans.

Il peut arriver que les immeubles assujettis à l'hypothèque périssent ou éprouvent des dégradations qui les rendent insuffisans pour la sûreté du créancier; celui-ci peut, dans ce cas, poursuivre dès à présent son remboursement, ou obtenir un supplément d'hypothèque. Mais aura-t-il le choix entre le remboursement et le supplément d'hypothèque?

Le code exige encore une autre condition pour la validité de l'hypothèque, c'est que la somme pour laquelle elle est consentie soit certaine et déterminée par l'acte.

SECTION IV. *Du rang que les hypothèques ont entre elles.* — La publicité est l'un des principaux élémens du système actuel. Elle consiste dans l'inscription de l'hypothèque faite par le créancier au bureau du conservateur. Cette inscription est indispensable à son existence et fixe le rang qu'elle doit occuper.

Le législateur attache une si grande importance à la publicité, qu'il n'admet d'exception qu'à l'égard des mineurs et des femmes mariées dont l'hypothèque existe indépendamment de toute inscription et qu'il prend tous les moyens possibles pour que celle-ci soit soumise à la formalité de l'inscription. Il oblige en effet le mari et le tuteur, et, à défaut de ce dernier, le subrogé-tuteur, à la faire inscrire, et si le mari, le tuteur et le subrogé-tuteur avaient négligé de le faire, il veut que le procureur du roi la requière d'office.

L'hypothèque légale de la femme frappe sur l'universalité des biens du mari; le code permet néanmoins aux parties majeures de convenir dans le contrat de mariage qu'elle sera restreinte à un ou certains immeubles du mari.

La même faculté est accordée au tuteur et au mari lorsque la réduction n'a pas été opérée dans le contrat de mariage, en se conformant aux dispositions des art. 2141 et suivans du code civil.

CODE DE PROCÉDURE CIVILE.

Liv. 2 Tit. iv. — *De la communication au ministère public.*

On entend par ministère public la magistrature établie près de chaque tribunal pour représenter la société dans toutes les affaires qui l'intéressent , veiller , au nom du roi , au maintien de l'ordre , requérir l'application et l'exécution des lois et prendre la défense de ceux qui ne peuvent se défendre eux-mêmes. Dans une autre acception , les mots *ministère public* désignent les personnes qui l'exercent.

Dans les matières criminelles , le ministère public agit toujours par voie d'action , c'est-à-dire comme partie principale ; dans les matières civiles , il agit , tantôt par voie d'action , tantôt par voie de réquisition ou comme partie jointe.

Lorsque le ministère public agit par voie d'action , il peut être successivement exercé dans la même affaire par des individus différens; il n'en est pas de même dans les causes où il n'est que partie jointe.

En cas d'absence ou d'empêchement des membres du parquet , ils sont remplacés par l'un des juges ou suppléans. *Quid*, lorsque ces derniers sont empêchés?

Tit v. — *Des audiences , de leur publicité et de leur police.*

Pourront les parties , assistées de leurs avoués , se défendre elles-mêmes (art. 85.)

En consacrant ce droit éternel et sacré , la loi a voulu en prévenir l'abus , autant dans l'intérêt même de la partie qui veut être son propre défenseur que dans celui de son adversaire. Aussi a-t-elle accordé au tribunal la faculté d'interdire ce droit dans certains cas qu'elle a désignés.

L'indépendance que doit toujours conserver la magistrature a dicté la prohibition faite par l'art. 86 aux fonctionnaires de l'ordre judiciaire de se charger de la défense des parties. Mais cette prohibi-tion ne pouvait pas s'étendre aux causes qui leur sont personnelles , à celles de leurs femmes, parens ou alliés en ligne directe, ou de leurs pupilles. Dans tous ces cas, la défense devient pour eux un devoir.

La publicité des audiences est d'ordre public; la liberté, la fortune des citoyens, l'honneur de la magistrature ont toujours réclamé cette publicité.

Mais il est des articles où elle pourrait entraîner de graves inconvéniens. La loi autorise alors le tribunal à ordonner qu'elles seront plaidées à huis clos.

Les 5 derniers articles de ce titre s'occupent de la police des audiences, et prononcent des peines contre ceux qui les troubleraient. Mais il a été dérogé à ces articles par les art. 504 et suivans, inst. crim., et les art. 222 et suiv. du code pénal.

CODE DE COMMERCE.

Liv. i. Tit. viii. — *De la lettre de change.*

Section i. § 5. *De l'échéance.* — La 5ᵉ condition pour la régularité de la lettre de change est l'énonciation de l'époque où le paiement doit s'effectuer. C'est ce qu'on appelle échéance. Cette échéance est certaine ou incertaine. Elle est certaine, lorsqu'elle est fixée définitivement par le tireur ; comme dans ces cas : *payez le 30 juillet 1835 ; payez à 20 jours de date.* Elle est incertaine, lorsque la lettre de change est payable à vue, ou à un ou plusieurs jours, ou mois ou usances de vue. Dans le premier cas, elle doit être payée à sa présentation; dans les autres cas, l'échéance est fixée par la date de l'acceptation ou par celle du protêt faute d'acceptation.

Une lettre de change peut être payable en foire ; elle est alors échue la veille du jour fixé pour la clôture de la foire, si elle dure plusieurs jours; ou le jour de la foire, si elle ne dure qu'un jour.

Les tribunaux ont été long-temps divisés sur la manière de déterminer l'échéance d'une lettre de change, payable à un ou plusieurs mois de date; mais la cour suprême paraît avoir fixé la jurisprudence sur ce point, en décidant, par plusieurs arrêts, que la computation se fait conformément au calendrier grégorien, c'est-à-dire d'un quantième au quantième correspondant, sans aucune distinction des mois qui ont plus ou moins de trente jours.

Tous les délais de grâce, de faveur, d'usage ou d'habitude locale sont formellement abrogés par notre code.

§ 6. — *De l'endossement.* — La propriété d'une lettre de change se transmet par la voie de l'endossement. L'endossement est donc un acte au moyen duquel le propriétaire d'une lettre de change la cède à une autre personne, moyennant le prix qu'il en reçoit.

Trois conditions sont nécessaires pour la régularité d'un endossement : il doit être daté; il doit exprimer la valeur fournie; et énoncer le nom de celui à l'ordre de qui il est passé.

Si les conditions que nous venons d'énumérer ne s'y trouvent pas réunies, l'endossement étant irrégulier n'opère pas le transport; il n'est qu'une procuration.

La disposition de l'art. 139 qui défend d'antidater les ordres, à peine de faux, ne doit pas être entendue dans toute sa rigueur; elle n'est applicable que dans le cas de fraude ou de dol.

§ VII. — *De la solidarité.* — La solidarité est un des priviléges attachés à la lettre de change. Elle existe, d'après l'art. 140, entre tous ceux qui ont signé, accepté ou endossé une lettre de change et a pour effet de donner au porteur le droit de s'adresser à celui d'entre eux qu'il veut choisir, sans que celui-ci puisse lui opposer le bénéfice de division et de discussion.

§ VIII. — *De l'aval.* — Indépendamment de l'acceptation et de l'endossement, dit l'art. 141, le paiement d'une lettre de change peut être garanti par un aval. L'aval n'est donc autre chose qu'un cautionnement. Il soumet celui qui le souscrit à la solidarité et à toutes les obligations de la personne pour qui il a été donné. La loi permet cependant au donneur d'aval de mettre à son engagement telles restrictions qu'il juge convenables.

Le code ne prescrit point de forme particulière pour l'aval. Il résulte néanmoins de l'art. 142 qu'il doit être rédigé par écrit. Il peut être donné par correspondance ou par déclaration sous seing privé; il peut même résulter d'un simple endos en blanc. En cas de contestations, c'est aux tribunaux à décider d'après les circonstances.

§ IX. — *Du paiement.* — Une lettre de change doit être payée dans la monnaie qu'elle indique. Ce principe repose sur le motif que le créancier ne peut être contraint de recevoir autre chose que ce qui lui a été promis. *Quid*, si une lettre de change est stipulée payable en monnaie étrangère?

Pour payer valablement une lettre de change, il faut qu'elle soit échue et qu'il n'ait pas été fait opposition au paiement. Quand y a-t-il lieu à l'opposition au paiement?

Quelquefois une lettre de change est tirée à plusieurs exemplaires; dans ce cas, le paiement fait, à l'échéance, sur une seconde, troisième, etc. est valable lorsque la seconde, troisième, etc., porte que ce paiement annule l'effet des autres et lorsque la première n'a pas été acceptée.

Mais si le tiré avait accepté, il ne pourrait payer valablement que sur la représentation de l'exemplaire revêtu de son acceptation.

Le législateur prévoyant le cas où une lettre de change a été perdue, s'occupe dans les art. 150 et suiv., des moyens à prendre pour en poursuivre le paiement. Ces moyens varient suivant que la lettre de change a été ou non acceptée. *Quid*, dans les deux hypothèses?

Il peut arriver aussi que l'échéance de la lettre de change perdue, soit encore éloignée; et, comme le propriétaire, serait, dans ce cas, dans l'impossibilité de la négocier, la loi a dû lui fournir les moyens de s'en procurer un nouvel exemplaire. C'est l'objet de l'art. 154. Mais *quid*, si l'un ou plusieurs des endosseurs refusaient leur concours au propriétaire ?

Sous l'ancienne jurisprudence, le porteur ne pouvait consentir à recevoir une partie du montant de la lettre de change, sans perdre son recours contre les endosseurs pour le surplus. Notre code a apporté une sage modification à cette règle, en donnant au porteur la faculté de recevoir des paiemens à-compte et en lui ordonnant de faire protester pour la partie de la somme non payée.

§ X. — *Du paiement par intervention.* — Lorsque celui sur qui une lettre de change était tirée a refusé de l'acquitter et que son refus a été constaté par un acte de protêt, toute personne étrangère au contrat peut intervenir et en effectuer le paiement. C'est ce qu'on appelle payer par intervention.

Ce paiement a pour effet de subroger l'intervenant aux droits du porteur, lorsqu'il a été précédé de l'acte de protêt. Si cette formalité n'avait pas été remplie, le paiement serait présumé fait à la décharge du tireur et n'opérerait point la subrogation en faveur de celui qui l'aurait fait. Il peut arriver que plusieurs personnes interviennent pour le paiement d'une lettre de change ; celle qui opère le plus de libérations, doit alors être préférée en suivant les règles tracées par l'art. 159 du code de commerce.

Cette thèse sera soutenue le 4 août 1835, à 10 heures du matin.

Vu par le Président de la Thèse,

MALPEL.

Toulouse.—Imprimerie de Marie ESCUDIER, rue St-Rome, n° 26.

www.ingramcontent.com/pod-product-compliance
Lightning Source LLC
Chambersburg PA
CBHW050406210326
41520CB00020B/6476